« *Regardez autour de vous, c'est bien connu : le vin parle ! (...)* » *
Il crie, le vin, il vocifère, il vous chuchote à l'oreille.*
Il fait de vous le confident de choses admirables et de projets magnifiques,
de tragiques histoires d'amour et de trahisons terribles. (...)
Chaque bouteille vous découvre le parfum d'autres temps et d'autres pays.
Et chacune vous offre son bouquet de souvenirs. »
JOANNE HARRIS

1 - LE DOMAINE

scénario
CORBEYRAN

dessin
ESPÉ

couleurs
DIMITRI FOGOLIN
GOTEM STUDIO

Glénat

Préface

Après les poètes, les romanciers, les auteurs de polar, les cinéastes, le vin inspire aujourd'hui la BD. Je ne peux que m'en réjouir. Certainement parce qu'on n'épuisera jamais sa fascination. Tant mieux, c'est ce qui le rend vivant et qui me rend vivant.

Adolescent, j'avais déniché chez ma grand-mère un roman acerbe, Clochemerle, qui m'avait fait comprendre ce que je n'osais alors imaginer : les rivalités mesquines d'un village du Beaujolais s'entredéchirant au sujet d'un urinoir ! Ici, l'objet des convoitises se veut plus noble : un domaine viticole après le décès du patriarche. Ombres mauvaises, conflits d'intérêt, trahisons, secrets. Si le vin se réinvente sans cesse, l'homme ne change guère… Un scénario qu'un grand nombre de propriétaires, et pas seulement bordelais, ont connu. La transmission est toujours un moment délicat et épineux.

Loin de la quiétude médocaine, un petit monde s'agite, se déteste cordialement, se méprend souvent et se découvre enfin. Un quotidien de luttes et de victoires. Mais aussi quelques trouées de bleu : des conversations en absence avec ceux qui ne sont plus mais qui continuent d'habiter les lieux.

Cette bande dessinée-enquête nous entraîne dans les coulisses d'un univers méconnu par le grand public. Ici le vin se raconte, dissipe quelques-unes de ses chimères, renforce son art contre une volonté industrieuse, parle de l'attachement à la terre de nos ancêtres et des valeurs que l'on voudrait immuables. Il n'existerait pas de vignobles prédestinés, il n'y aurait que des entêtements d'hommes et de femmes qui se battent continûment afin que des vignobles ne se délitent. On ne pouvait imaginer meilleure ambassadrice du vin que cette brune Alexandra Baudricourt, fervente, enthousiaste : elle est de celles qui ne renoncent jamais.

Que les lecteurs prennent autant de plaisir à compulser ces pages qu'ils en ont à déguster les précieux nectars… Du plaisir, après tout, nous n'en avons jamais assez ! Saluons bas les auteurs, Corbeyran et Espé, pour cette savoureuse « balade à travers la vigne et le temps »…

MICHEL ROLLAND

www.glenatbd.com

© 2011, Éditions Glénat
Couvent Sainte-Cécile
37, rue Servan - 38000 Grenoble.

Tous droits réservés pour tous pays.
Dépôt légal : mars 2011
ISBN : 978-2-7234-7281-4
Achevé d'imprimer en Belgique en février 2011 par Lesaffre,
sur papier provenant de forêts gérées de manière durable.

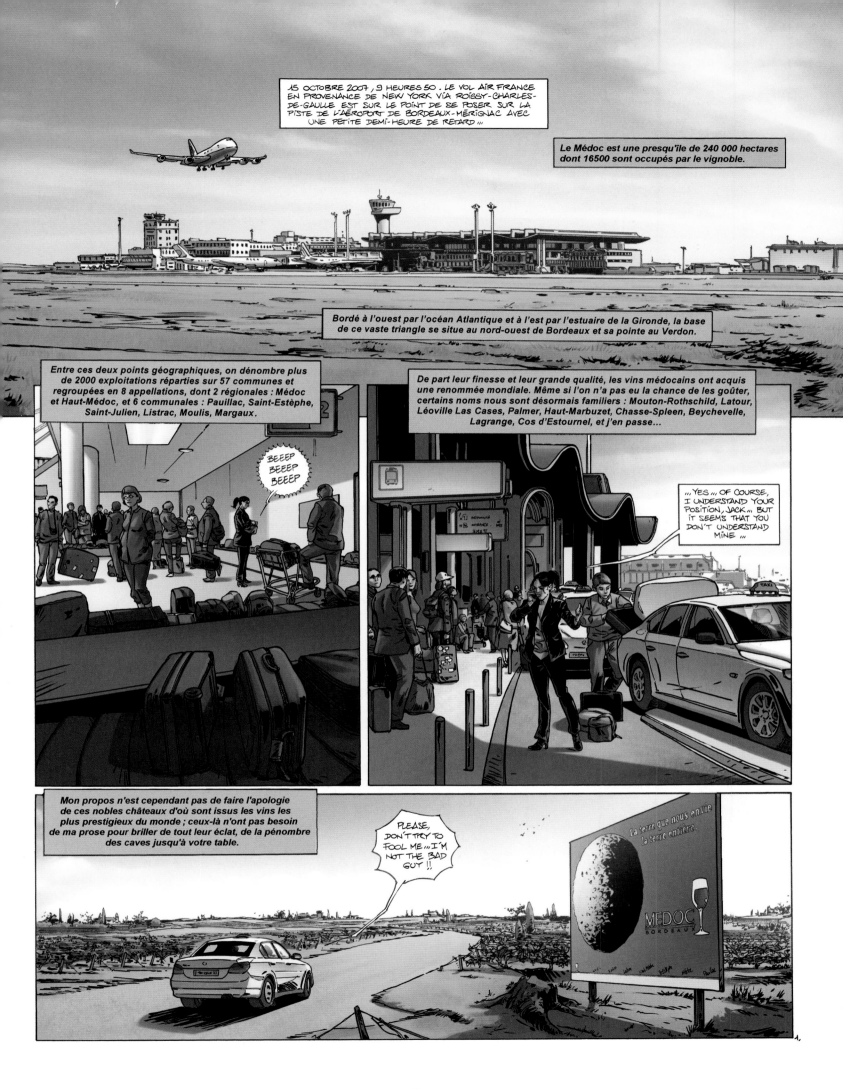

15 OCTOBRE 2007, 9 HEURES 50. LE VOL AIR FRANCE EN PROVENANCE DE NEW YORK VIA ROISSY-CHARLES-DE-GAULLE EST SUR LE POINT DE SE POSER SUR LA PISTE DE L'AÉROPORT DE BORDEAUX-MÉRIGNAC AVEC UNE PETITE DEMI-HEURE DE RETARD...

Le Médoc est une presqu'île de 240 000 hectares dont 16500 sont occupés par le vignoble.

Bordé à l'ouest par l'océan Atlantique et à l'est par l'estuaire de la Gironde, la base de ce vaste triangle se situe au nord-ouest de Bordeaux et sa pointe au Verdon.

Entre ces deux points géographiques, on dénombre plus de 2000 exploitations réparties sur 57 communes et regroupées en 8 appellations, dont 2 régionales : Médoc et Haut-Médoc, et 6 communales : Pauillac, Saint-Estèphe, Saint-Julien, Listrac, Moulis, Margaux.

De part leur finesse et leur grande qualité, les vins médocains ont acquis une renommée mondiale. Même si l'on n'a pas eu la chance de les goûter, certains noms nous sont désormais familiers : Mouton-Rothschild, Latour, Léoville Las Cases, Palmer, Haut-Marbuzet, Chasse-Spleen, Beychevelle, Lagrange, Cos d'Estournel, et j'en passe...

BEEEP BEEEP BEEEP

...YES... OF COURSE, I UNDERSTAND YOUR POSITION, JACK... BUT IT SEEMS THAT YOU DON'T UNDERSTAND MINE...

Mon propos n'est cependant pas de faire l'apologie de ces nobles châteaux d'où sont issus les vins les plus prestigieux du monde ; ceux-là n'ont pas besoin de ma prose pour briller de tout leur éclat, de la pénombre des caves jusqu'à votre table.

PLEASE, DON'T TRY TO FOOL ME... I'M NOT THE BAD GUY !!

La terre que nous envie la terre entière.

MEDOC
BORDEAUX

Ce dont j'aimerais vous parler ici et maintenant, c'est de la vie de tous les jours. La mienne bien sûr, mais aussi et surtout celle de mes parents, de mes grands-parents et arrière-grands-parents, et de tous ceux qui, installés depuis plus de deux siècles au cœur du Médoc, on fait du domaine du Chêne Courbe ce qu'il est aujourd'hui.

YOU CHEATED ON ME, JACK, THAT'S MY POINT !!

DON'T SAY THAT !

I DID LOVE YOU... BUT NOT ANYMORE...

Le nom des Baudricourt est associé au vin depuis deux cent cinquante ans. Notre famille a traversé les périodes les plus sombres de l'histoire de notre pays, mais elle est toujours debout. Et c'est avec fierté que je prends aujourd'hui la plume pour évoquer sa mémoire.

Je n'ai rien inventé. Tout ce qui suit est vrai ; mes sources, c'est au cœur même de la propriété que je les ai puisées au cours de 15 années de recherches intensives, disséquant les archives officielles et les journaux intimes, analysant les lettres des uns et les confessions des autres.

YOU JUST PUSHED IT TOO FAR

AND NOW IT'S OVER...

C'est donc à une balade à travers la vigne et le temps, cher lecteur, que je vous convie. J'espère que vous prendrez autant de plaisir à lire ces chroniques que j'en ai pris à les coucher sur le papier...

I HAVE TO GO, NOW...

I'M LATE...

THE CEREMONY HAS ALREADY BEGUN...

6

EXCUSEZ-MOI, MADEMOISELLE BAUDRICOURT... PEUT-ÊTRE VOUS SOUVENEZ-VOUS DE MOI ? LOUIS DORGEMONT...

VAGUEMENT, OUI ...

C'EST VRAI QUE VOUS N'ÉTIEZ PAS BIEN GRANDE À L'ÉPOQUE... JE RENDAIS RÉGULIÈREMENT VISITE À VOTRE PAPA...

JE SUIS COURTIER ...

... C'EST MOI QUI SUIS CHARGÉ DES RELATIONS AVEC LES NÉGOCIANTS ...

JE SAIS CE QU'EST UN COURTIER, MONSIEUR DORGEMONT.

MAIS SI VOUS SOUHAITEZ PARLER BUSINESS, SACHEZ QUE LE MOMENT EST PLUTÔT MAL CHOISI.

NOUS VERRONS CELA UN PEU PLUS TARD AVEC MES FRÈRES.

CE NE SERA PAS NÉCESSAIRE... JE VOULAIS SIMPLEMENT VOUS PRÉSENTER MES CONDOLÉANCES... ET VOUS DIRE QUE...

QUE ?

RIEN ...

JE SUIS GROTESQUE ET VOUS DEVEZ ÊTRE ÉPUISÉE ...

LE VOYAGE, LE DÉCALAGE HORAIRE ...

NOUS VERRONS ÇA UNE AUTRE FOIS ...

C'EST ÇA ... UNE AUTRE FOIS ...

VEUILLEZ L'EXCUSER, ALEXANDRA... LA DISPARITION DE VOTRE PÈRE L'A PROFONDÉMENT AFFECTÉ ...

?!

COMME NOUS TOUS, J'IMAGINE ...

LUI PLUS QUE LA PLUPART DES GENS PRÉSENTS ICI, JE VOUS L'ASSURE ...

MON PÈRE ET LE VÔTRE ÉTAIENT TRÈS PROCHES ... POUR NE PAS DIRE AMIS ...

TOUT COMME NOUS, N'EST-CE PAS ?

TOUT CELA REMONTE À SI LOIN ...

SI LOIN, OUI... POURTANT, VOUS N'AVEZ GUÈRE CHANGÉ, ALEXANDRA... VOUS ÊTES TOUJOURS AUSSI RAYONNANTE...

VOUS M'AUTORISEZ À VOUS APPELER ALEXANDRA ?

IL NE ME SEMBLE PAS VOUS AVOIR ENTENDU UN JOUR M'APPELER AUTREMENT, MONSIEUR DORGEMONT...

VOUS GARDEZ LES "MONSIEUR DORGEMONT" POUR MON PÈRE ET VOUS M'APPELEZ TOUT SIMPLEMENT "PATRICK", COMME AUTREFOIS...

PUIS-JE VOUS PROPOSER UN MARCHÉ, ALORS ?

JE VOUS ÉCOUTE.

DEAL.

VOUS COMPTEZ RESTER UN MOMENT DANS LE COIN ?

JE NE SAIS PAS ENCORE... POURQUOI CETTE QUESTION ?

PARCE QUE J'AIMERAIS VOUS MONTRER QUELQUE CHOSE, LORSQUE VOUS SEREZ DISPOSÉE...

SI VOUS ÊTES D'ACCORD, BIEN SÛR...

VOUS ÊTES BIEN MYSTÉRIEUX...

DISONS QU'IL S'AGIT D'UNE SURPRISE...

6.

CELUI QUI SE TROUVE SUR LA PARCELLE QU'ON EST EN TRAIN DE VENDANGER, LÀ-BAS, C'EST DU MERLOT...

PLUS AU SUD, TU TROUVERAS DU CABERNET FRANC...

...ET SI TU TOURNES LA TÊTE DE CE CÔTÉ, TU POURRAS ADMIRER QUELQUES HECTARES PLANTÉS DE PETIT VERDOT !

MERCI POUR TOUTES CES PRÉCISIONS, CHARLES...

CE QUE JE VOULAIS SIMPLEMENT DIRE, C'EST QUE J'AVAIS PRESQUE OUBLIÉ LA SAVEUR DE CE "RAISIN", MAIS QUE SITÔT DANS MA BOUCHE, LE SOUVENIR DU GOÛT M'EST REVENU INSTANTANÉMENT...

J'AI EU L'IMPRESSION QUE L'INFORMATION ÉTAIT STOCKÉE QUELQUE PART DANS MA MÉMOIRE ET QU'ELLE N'ATTENDAIT QU'UN SIGNE INFIME POUR SE RAPPELER À MOI...

AVANT DE PARLER HÉRITAGE, L'UN DE VOUS PEUT-IL M'EXPLIQUER COMMENT PAPA EST DÉCÉDÉ ?

PARDONNEZ-MOI D'ENDOSSER LE RÔLE DU RABAT-JOIE ET D'INTERROMPRE VOTRE PASSIONNANTE CONVERSATION, MAIS AVANT D'ALLER VOIR LE NOTAIRE, NOUS DEVONS CAUSER DE CHOSES SÉRIEUSES TOUS LES TROIS !

J'ÉTAIS TELLEMENT SOUS LE CHOC QUAND VOUS M'AVEZ APPELÉE QUE JE N'AI PAS BIEN COMPRIS CE QUI S'ÉTAIT PASSÉ...

C'EST AUSSI SIMPLE QUE TRAGIQUE...

LES GENS ONT BEAU ÊTRE EXPÉRIMENTÉS, CE TYPE D'ACCIDENT SE PRODUIT CHAQUE ANNÉE, SURTOUT LORS DU DÉCUVAGE !

À PRÉSENT QUE TU CONNAIS LES FAITS, NOUS VOUDRIONS T'ENTRETENIR DE LA SITUATION AFIN QUE TU SACHES OÙ TU METS LES PIEDS...

APRÈS UNE RAPIDE ÉTUDE, IL APPARAÎT QUE LE DOMAINE N'EST PAS AUSSI FLORISSANT QU'IL EN A L'AIR...ET QUE... QUE...

QUE QUOI ?

CE QU'IL ESSAIE DE TE DIRE, C'EST QUE CES 15 DERNIÈRES ANNÉES ONT ÉTÉ CATASTROPHIQUES SUR LE PLAN FINANCIER...

LE CHÊNE COURBE SE VEND MAL, S'EXPORTE MAL, VIEILLIT MAL, LES STOCKS NÉGOCIANTS SONT MONSTRUEUX ET LES DETTES DE LA SOCIÉTÉ NE LE SONT PAS MOINS...

CHARLES ET MOI AVONS PRIS LA DÉCISION DE NE PAS REPRENDRE L'AFFAIRE...

VOUS VOULEZ VENDRE LE CHÂTEAU ?

LE CHÂTEAU. LES VIGNES. LA SOCIÉTÉ. LES PAPIERS SONT PRÊTS.

JE SAIS QUE C'EST DUR À AVALER, ALEX, MAIS JE T'ASSURE QU'ON A BIEN PESÉ LE POUR ET LE CONTRE...

CHARLES ET MOI AVONS TOUS DEUX UN BOULOT PASSIONNANT QUI OCCUPE 100% DE NOTRE TEMPS. IL NOUS EST IMPOSSIBLE DE NOUS INVESTIR ICI !

MAIS LE VIN, C'EST TOUTE VOTRE VIE !!!

JUSTEMENT. NOTRE VIE N'EST PLUS ICI DEPUIS LONGTEMPS. LA MIENNE S'EST RECONSTRUITE DU CÔTÉ DE SAINT-ÉMILION...

J'Y EXPLOITE UN PETIT DOMAINE TRÈS RENTABLE, ET JE N'AI NUL BESOIN DE LESTER MON BILAN ANNUEL AVEC LE DÉFICIT CHRONIQUE D'UNE SECONDE PROPRIÉTÉ !

QUANT À CHARLES, OUTRE QU'IL SOIT L'UN DES MEILLEURS MAÎTRES DE CHAI DE LA RÉGION DES GRAVES, IL POSSÈDE UNE QUALITÉ EXCEPTIONNELLE : L'ARGENT NE L'INTÉRESSE PAS !

DISONS PLUTÔT QUE JE N'AI JAMAIS EU L'AMBITION DE GÉRER UN DOMAINE... JE PRÉFÈRE ME CONSACRER ENTIÈREMENT À LA VINIFICATION ET À L'ÉLABORATION D'UN CRU... RECHERCHER L'EXCELLENCE EST MA SEULE PRÉOCCUPATION !

JE VOIS. IL N'Y A DONC AUCUN ESPOIR QUE LA PROPRIÉTÉ RESTE DANS LA FAMILLE...

LA FAMILLE ? QUELLE FAMILLE ?!

TU ES RESTÉE ABSENTE TROP LONGTEMPS, ALEXANDRA !! REDESCENDS SUR TERRE !!

PAPA ÉTAIT EN FROID AVEC TOUT LE MONDE, À COMMENCER PAR SES FILS... ET ÇA NE DATE PAS D'HIER !

IL N'ÉTAIT DÉJÀ PAS TRÈS EXPANSIF QUAND NOUS ÉTIONS MÔMES, MAIS AU LENDEMAIN DE LA MORT DE MAMAN, IL S'EST CARRÉMENT REPLIÉ SUR LUI-MÊME...

IL EST DEVENU TACITURNE, DISTANT, INDIFFÉRENT À TOUT...

MÊME TA MÈRE N'A PAS RÉUSSI À LUI REDONNER GOÛT À LA VIE... APRÈS 10 ANS DE LUTTE, ELLE A RENONCÉ AVANT D'ÊTRE CONTAMINÉE PAR SA NEURASTHÉNIE !

QUI A ENVIE D'AIMER UN BLOC DE PIERRE ?

PERSONNE, BIEN SÛR... MAMAN NE M'A JAMAIS DIT DE MAL DE LUI, MAIS J'AI TOUJOURS SU QUE CE N'ÉTAIT PAS UN HOMME FACILE...

UNE SOCIÉTÉ JAPONAISE A DÉJÀ FAIT UNE OFFRE. C'EST UNE OPPORTUNITÉ FORMIDABLE.

IL NOUS SUFFIT DE SIGNER. TOUS LES TROIS.

Mmm m... JE VOIS QUE VOUS AVEZ DÉJÀ TOUT ORGANISÉ... ACCORDEZ-MOI JUSTE UN PEU DE TEMPS POUR RÉFLÉCHIR, S'IL VOUS PLAÎT...

16

EXCUSE-MOI ... JE DOIS RÉPONDRE ...

C'EST MOI QUI M'EXCUSE ... J'ABUSE DE TON TEMPS ...

Beeep Beeep Beeep!

LE PETIT DÉJEUNER À 9 HEURES, ÇA IRA ?

CE SERA PARFAIT !

Beeep Beeep Beeep!

OH ! JEANNE !! TANT QUE J'Y PENSE ... J'IMAGINE QUE LE CAFÉ EST TOUJOURS L'UNE DE TES SPÉCIALITÉS ?

Beeep Beeep Beeep!

Beeep Beeep!

OUI, POURQUOI ?

PARCE QUE JE VIENS DE PASSER 15 ANS À BOIRE DU JUS DE CHAUSSETTE DANS DES GOBELETS EN PLASTIQUE, ALORS ...

ALORS CORSÉ ET SERVI DANS DE LA PORCELAINE ... COMPTE SUR MOI !

HI, JACK ! WHY ARE YOU CALLING SO LATE ?

FOR SOME BAD NEWS, I'M AFRAID, ALEX ...

YOU MEAN I HAVE TO LOOK FOR ANOTHER JOB ?

CAN I ASK YOU WHY ?!!

FOR A LOT OF REASONS, ALEX ... BUT THE MAIN ONE IS BECAUSE I'M THE BOSS !

18

J'ESPÈRE BIEN ! MAIS LES PROBLÈMES RESTENT DES PROBLÈMES ... C'EST D'AILLEURS GRÂCE À EUX QU'ON TROUVE LES SOLUTIONS, N'EST-CE PAS ?

JE VIENS DE PERDRE MON BOULOT ET MON FIANCÉ ... D'UN SEUL COUP ... QU'EST-CE QUE TU DIS DE ÇA ?

C'EST TRÈS SIMPLE : MON BOYFRIEND ÉTAIT AUSSI MON PATRON ! LES AFFAIRES ET LES SENTIMENTS ... TU VOIS LE GENRE ?

JE N'ÉTAIS PLUS AMOUREUSE DE LUI, MAIS J'ADORAIS MON JOB ...

J'EN DIS QUE ÇA MÉRITE UNE EXPLICATION ...

JE NE SAIS MÊME PAS COMMENT RÉAGIR ...

J'AI CE QU'IL FAUT POUR TE CHANGER LES IDÉES !

JE T'ÉCOUTE ...

MONSIEUR BOURGEAU, LE RÉGISSEUR, PIAFFE D'IMPATIENCE DEPUIS 7 HEURES CE MATIN ... IL T'ATTEND DANS LE CHAI !

QU'EST-CE QU'IL VEUT ?

TE PARLER, JE CROIS ...

J'IRAI TOUT À L'HEURE ... JE VEUX D'ABORD ESSAYER DE RASSEMBLER MES ESPRITS ...

... ET PRENDRE LE TEMPS DE DIRE AU REVOIR À PAPA ...

SON BUREAU SE TROUVE TOUJOURS AU MÊME ENDROIT ?

IL N'A PAS BOUGÉ DEPUIS LA DERNIÈRE FOIS ... VOICI LES CLÉS ...

JE VOUS EN PRIE ...

ALLEZ-Y ... GOÛTEZ-LE ! N'AYEZ PAS PEUR ...

ALORS ?

ALORS, QUOI ?

QU'EST-CE QUE VOUS EN PENSEZ ?

JE LE TROUVE BON. TRÈS BON.

BON OU TRÈS BON ?

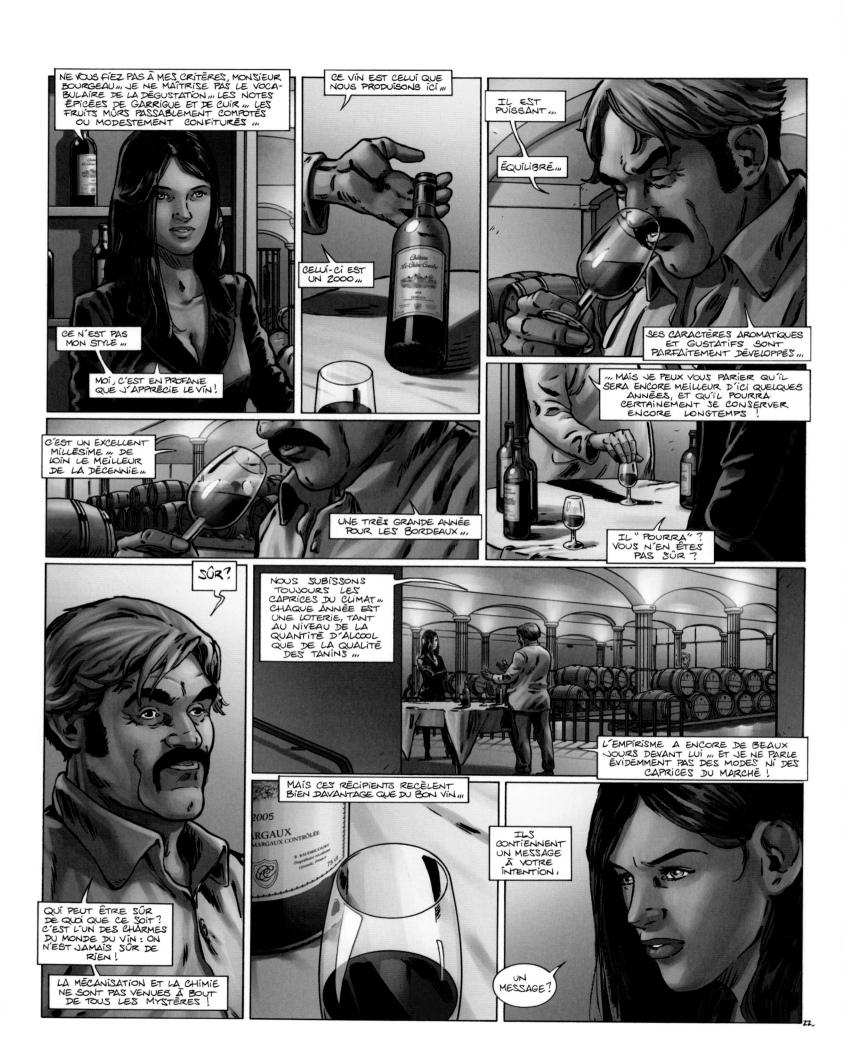

CE VIN EST TEL QUE VOTRE PÈRE VOULAIT QU'IL SOIT ...

IL EST L'EXPRESSION CONJOINTE DE SES INTENTIONS, DE SES CONVICTIONS ET DE NOS EFFORTS ...

IL REPRÉSENTE LA SUEUR DE NOTRE FRONT ...

... IL A NÉCESSITÉ UNE ATTENTION DE TOUS LES INSTANTS ...

IL EST LA SOMME DE NOS SAVOIRS, DE NOS EXPÉRIENCES ET DES TALENTS COMBINÉS DE TOUTE UNE ÉQUIPE ...

... EN CE SENS, IL EST UNIQUE !

LE MESSAGE NE SERAIT-IL PAS PLUTÔT SIGNÉ VINCENT BOURGEAU ?

JE NE COMPRENDS PAS ...

C'EST POURTANT TRÈS CLAIR : MON PÈRE, VOTRE PATRON, VIENT DE DISPARAÎTRE ... VOUS ÊTES TRISTE ... MAIS PAR-DESSUS TOUT, VOUS ÊTES INQUIET ... VOUS CRAIGNEZ POUR VOTRE PLACE ...

LE MESSAGE CONTENU DANS CETTE BOUTEILLE DEVIENT ALORS LIMPIDE : VOICI CE QUE NOUS PRODUISONS DE MIEUX ! NOUS SOMMES COMPÉTENTS. NOUS SOMMES DÉVOUÉS. SI VOUS ET VOS FRÈRES COMPTEZ PRENDRE LES RÊNES DU DOMAINE, SOYEZ ASSEZ LUCIDES POUR NE PAS VOUS DÉBARRASSER DE MOI.

VOUS VOUS MÉPRENEZ SUR MES INTENTIONS ... LE TERROIR EST MA PASSION ... JE ...

LE TERROIR ... Mmmm ... VOILÀ UN TERME AUQUEL ON FAIT DIRE UN PEU CE QU'ON VEUT AUJOURD'HUI, NON ?

23

JE NE CHERCHE PAS À VENDRE MA SALADE, MADEMOISELLE BAUDRICOURT... JE N'AI RIEN À PROUVER... J'ESSAIE SEULEMENT DE VOUS EXPLIQUER CE QUE NOUS FAISONS ICI CHAQUE JOUR...

CONNAÎTRE LES EXIGENCES DU SOL, DU SOUS-SOL ET DU CLIMAT... L'EXPOSITION PARTICULIÈRE D'UNE PARCELLE... L'ÂGE D'UN PIED... LE MOMENT IDÉAL POUR TRAITER, DÉSHERBER, ROGNER, ÉPAMPRER, RÉGER, TAILLER OU DÉCAVAILLONNER...

TOUT CELA NÉCESSITE DU TEMPS ET DE L'ATTENTION...

VOUS ÊTES LE RÉGISSEUR DU DOMAINE, MONSIEUR BOURGEAU, N'EST-CE PAS ? EN QUELQUE SORTE LE GARANT DE LA QUALITÉ DU VIN ET DE SA RÉPUTATION...

MAIS MON PÈRE, DANS TOUT ÇA ? QUEL ÉTAIT SON RÔLE EXACTEMENT ? QUE FAISAIT-IL ?

IL ME FAISAIT CONFIANCE...

TECHNIQUEMENT PARLANT, C'EST MOI LE RESPONSABLE DE LA PROPRIÉTÉ...

MONSIEUR BAUDRICOURT S'ATTELAIT PLUTÔT À DONNER DU SENS À TOUTE CETTE ENTREPRISE...

NOUS DISCUTIONS BEAUCOUP ENSEMBLE... VOTRE PÈRE ÉTAIT UN PHILOSOPHE, UN ESTHÈTE ET UN RÊVEUR...

IL SE MOQUAIT DE LA RENTABILITÉ, DE LA PROMOTION, DES CRITIQUES ET DES HONNEURS...

IL N'AVAIT PAS BEAUCOUP D'AMIS, M'A-T-ON DIT...

IL FAUT SE MÉFIER DES RUMEURS, MAIS C'EST VRAI... C'ÉTAIT UN SOLITAIRE... IL SE FICHAIT PAS MAL DE CE QUE LES GENS PENSAIENT DE LUI...

LE GOÛT DU VIN... VOILÀ TOUT CE QUI LUI IMPORTAIT !

NOBLE TÂCHE !

MERCI POUR TOUTES CES EXPLICATIONS, MONSIEUR BOURGEAU... CE FUT TRÈS ENRICHISSANT !

DITES, JUSTE PAR CURIOSITÉ... J'AI ENTENDU DIRE QUE DES JAPONAIS LORGNAIENT SUR LA PROPRIÉTÉ...

DE RIEN...

MOI AUSSI, MAIS SOUVENEZ-VOUS : L'UN DES CHARMES DU MONDE DU VIN, C'EST QU'ON N'EST JAMAIS SÛR DE RIEN !

DÈS QUE J'EN SAURAI UN PEU PLUS, VOUS SEREZ LE PREMIER INFORMÉ.

QU'EST-CE QUE TU LIS ?

L'HISTOIRE DU DOMAINE ...

TU SAVAIS QUE MON PÈRE ÉTAIT EN TRAIN D'ÉCRIRE LES MÉMOIRES DE LA PROPRIÉTÉ ?

TON PÈRE AVAIT UN DON TRÈS PARTICULIER LORSQU'IL S'AGISSAIT DE GARDER SES SECRETS ...

MAIS TIENS-MOI AU COURANT S'IL Y A UN PASSAGE OÙ ON DIT DU MAL DE TA NOUNOU PRÉFÉRÉE !

JE N'Y MANQUERAI PAS ...

TU N'AS PLUS BESOIN DE MOI ? JE PEUX RENTRER ?

BIEN SÛR, JEANNE ! À DEMAIN !

NE VEILLE PAS TROP TARD !

JE NE TE PROMETS RIEN ...

JE SUIS ENCORE SOUS L'EFFET DU JETLAG ... CE PAVÉ HISTORIQUE TOMBE À POINT !

VOYONS UN PEU LE SOMMAIRE ...

TIENS ...

IL MANQUE UN CHAPITRE ...

25

PEUT-ÊTRE N'A-T-IL PAS ÉTÉ ACHEVÉ ...

À MOINS ...

À MOINS QU'IL NE SOIT PAS ENCORE IMPRIMÉ ET QU'IL SE TROUVE ENCORE DANS L'ORDINATEUR ...

HOULÀ ! LA FÉE DU LOGIS EST PASSÉE PAR LÀ !

ALORS ? COMMENT SONT CLASSÉS LES DOSSIERS ?

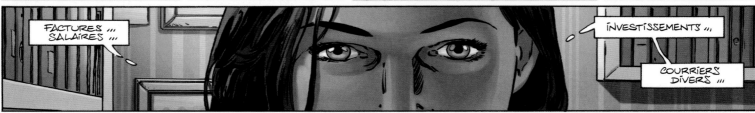

FACTURES ... SALAIRES ...

INVESTISSEMENTS ...

COURRIERS DIVERS ...

UN PEU DE TOUT, MAIS PAS DE FICHIER "CHÊNE COURBE", OU "MANUSCRIT", OU "MÉMOIRES D'UN DOMAINE" ... NI RIEN QUI PUISSE FAIRE RÉFÉRENCE À CET OUVRAGE ...

ET PAR ICI ?

RIEN NON PLUS DANS LA CORBEILLE ...

BIZARRE ... POURQUOI AURAIT-IL TOUT EFFACÉ ?

QUE DIT-ON DU CÔTÉ DES PARAMÈTRES ?

26.

SAINT-ÉMILION, LE LENDEMAIN...

BZZZ! BZZZ!

BIP!

OUI?

HELLO, FRANÇOIS, C'EST ALEX...

ALORS, PETITE SŒUR, CE RETOUR AUX SOURCES ?

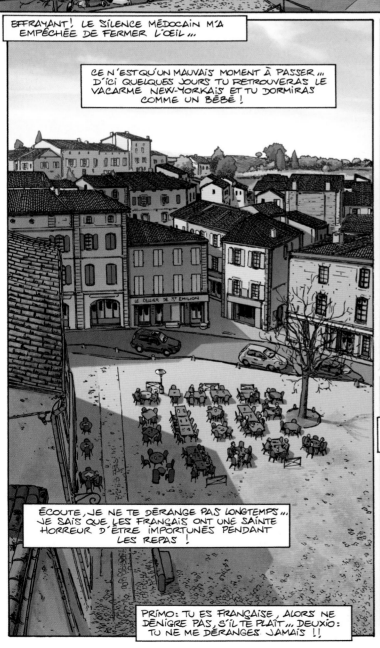

EFFRAYANT! LE SILENCE MÉDOCAIN M'A EMPÊCHÉE DE FERMER L'ŒIL...

CE N'EST QU'UN MAUVAIS MOMENT À PASSER... D'ICI QUELQUES JOURS TU RETROUVERAS LE VACARME NEW-YORKAIS ET TU DORMIRAS COMME UN BÉBÉ !

ÉCOUTE, JE NE TE DÉRANGE PAS LONGTEMPS... JE SAIS QUE LES FRANÇAIS ONT UNE SAINTE HORREUR D'ÊTRE IMPORTUNÉS PENDANT LES REPAS !

PRIMO: TU ES FRANÇAISE, ALORS NE DÉNIGRE PAS, S'IL TE PLAÎT... DEUXIO: TU NE ME DÉRANGES JAMAIS !!

TU CHANGERAS PEUT-ÊTRE D'AVIS UNE FOIS QUE JE T'AURAI DIT QUE J'AI DÉCIDÉ DE NE PAS SIGNER LE COMPROMIS...

TU QUOI ?

TU AS PARFAITEMENT ENTENDU.

JE VEUX L'ENTENDRE À NOUVEAU.

JE VAIS REPRENDRE LE DOMAINE.

C'EST UNE CONNERIE.

PEUT-ÊTRE. L'AVENIR NOUS LE DIRA.

JE PEUX SAVOIR CE QUI T'A FAIT CHANGER D'AVIS ?

JE N'AVAIS PAS D'AVIS. J'AI JUSTE RÉFLÉCHI.

27.

29

EN QUELQUES JOURS, J'AI PERDU MON PÈRE, MON JOB, AINSI QUE LE DERNIER LIEN QUI ME RETENAIT AUX ÉTATS-UNIS ... MAIS J'AI DE LA CHANCE DANS MON MALHEUR : JE NE SUIS PAS ENCORE TROP VIEILLE POUR CHANGER DE VIE !

ET FINANCIÈREMENT? COMMENT ESPÈRES-TU T'EN TIRER ?

J'AI PAS MAL D'ÉCONOMIES ET JE FAIS CONFIANCE À MON AVOCAT POUR TIRER LE MAXIMUM DE MON LICENCIEMENT ... CET ARGENT POURRA SERVIR À ÉPONGER LES DETTES ...

BIEN SÛR, JE NE POURRAI PAS RACHETER VOS PARTS À TOUS LES DEUX DANS L'IMMÉDIAT, MAIS JE LE FERAI PETIT À PETIT À MESURE QUE LES BÉNÉFICES RENTRERONT ...

LES BÉNÉFICES ? MAIS TU N'Y CONNAIS RIEN EN MATIÈRE DE VITICULTURE, ALEX !!

J'APPRENDRAI ! JE POSSÈDE UNE CAPACITÉ D'ADAPTATION REMARQUABLE ...

ET PUIS, JE SUIS BIEN ENTOURÉE !!

PAS SI BIEN QUE TU LE CROIS ! L'ÉQUIPE DE BRAS-CASSÉS QUI VIVAIT AUX CROCHETS DE PAPA NE VAUT PAS UN CLOU ROUILLÉ !!

JE PARLAIS AUSSI DE TOI ET DE CHARLES ...

JE CROYAIS AVOIR ÉTÉ CLAIR, HIER ... NOUS N'INVESTIRONS NI TEMPS NI ARGENT DANS LE CHÊNE COURBE.

J'AI BIEN COMPRIS. TOUT CE QUE JE DEMANDE, CE SONT DES CONSEILS ... ET SI POSSIBLE, DES CONSEILS D'AMI !

OK ... MAIS SI TU TE PLANTES, NE VIENS PAS PLEURER !!

JE NE ME PLANTERAI PAS SI MES GRANDS FRÈRES CROIENT EN MOI.

JE VAIS TE DONNER UN NOM ET UN NUMÉRO DE TÉLÉPHONE. C'EST UN AMI, OENOLOGUE CONSULTANT. TU APPELLES DE MA PART. TU INSISTES POUR LE RENCONTRER. TU AS DE QUOI NOTER ?

EXCUSEZ-MOI ... VOUS AVEZ CHOISI ?

ON VA PRENDRE LES GAMBAS EN ENTRÉE ... ET LES FILETS DE SOLE ENSUITE ...

ET LE VIN ? QUELQUE CHOSE DE TRÈS SEC ? UN ENTRE-DEUX-MERS ? OU BIEN PLUS FRUITÉ ? UN ALSACE, PEUT-ÊTRE ? J'AI UN EXCELLENT TOKAY-PINOT GRIS ...

UN GRAVES SERA PARFAIT ...

OK ... JE TE REMERCIE ...

DE RIEN. TIENS-MOI AU COURANT.

28.

30

Beeeep!
Beeeep!
Beeeep!

MON PORTABLE SONNE... JE TE RAPPELLE PLUS TARD, CHARLES...

OUI ?

ALEXANDRA ? C'EST PATRICK...

...PATRICK DORGEMONT... PARDONNEZ-MOI D'APPELER SI TARD... JE NE VOUS DÉRANGE PAS, J'ESPÈRE ?

AU CONTRAIRE !! VOUS ME SAUVEZ LA VIE !! JE NE SAVAIS PLUS COMMENT ME SORTIR DE CETTE FOUTUE PAPERASSE !!

J'IMAGINE QU'UNE SUCCESSION NE SE RÈGLE PAS DU JOUR AU LENDEMAIN...

EN L'OCCURRENCE, MON SOUCI PRINCIPAL SERAIT PLUTÔT LA REMISE À FLOT DE LA SOCIÉTÉ...

LE DOMAINE N'EST PLUS À VENDRE ?

IL NE L'A JAMAIS ÉTÉ OFFICIELLEMENT. VOUS VOULIEZ ME PARLER ?

J'AIMERAIS VOUS INVITER À DÉJEUNER DEMAIN.

TRÈS VOLONTIERS. OÙ M'EMMENEZ-VOUS ? À LA TUPINA ? AUX SOURCES DE CAUDALIE ?

CHEZ BARBIER OU AU SAINT-JULIEN ?

JE VOUS L'AI DIT, C'EST UNE SURPRISE ! JE PASSE VOUS PRENDRE VERS MIDI, ÇA VOUS CONVIENT ?

CE SERA PARFAIT !

CHÂTEAU Le Chêne Courbe

C'EST ICI QU'ON DESCEND ...

ICI?

ARRÊTEZ-MOI SI JE ME TROMPE, PATRICK ... MAIS ... JE NE VOIS PAS DE RESTAURANT DANS LE COIN ...

PAS MÊME UNE GUINGUETTE !

C'EST PARCE QU'IL N'Y EN A PAS !

ET C'EST POUR CETTE RAISON QUE J'AI APPORTÉ TOUT CE QU'IL FAUT !

UN PIQUE-NIQUE ?

VOUS ÊTES DÉÇUE ?

DÉFENSE DE PASSER

PROPRIÉTÉ PRIVÉE

DANGER

NON ... MAIS ... JE NE M'ATTENDAIS PAS À ÇA ...

TANT MIEUX !

C'ÉTAIT LE BUT DE LA MANŒUVRE !

LA MANŒUVRE ?

VOUS SURPRENDRE ... VOUS VOUS SOUVENEZ ?

VOUS MONTEZ ?

OÙ ALLONS-NOUS ?

SUR UNE ÎLE LOINTAINE ... À DEUX PAS D'ICI !!

VRRRRR_

32

34

VOUS RECONNAISSEZ ?

OUI .... CETTE ÎLE FAIT PARTIE DU DOMAINE ....

SI JE COMPRENDS BIEN, VOUS M'INVITEZ À PIQUE-NIQUER CHEZ MOI ....

C'EST EXACTEMENT ÇA !

33.

35

RASSUREZ-MOI ... VOUS NE VOULEZ QUAND MÊME PAS QU'ON DÉJEUNE LÀ-DEDANS ?

NON ... MON ROMANTISME A SES LIMITES ...

ATTENDEZ-MOI ICI ... J'EN AI POUR UN INSTANT ...

TA-DAAA !!

OÙ AVEZ-VOUS TROUVÉ ÇA ?

AU MÊME ENDROIT QU'IL Y A 25 ANS ...

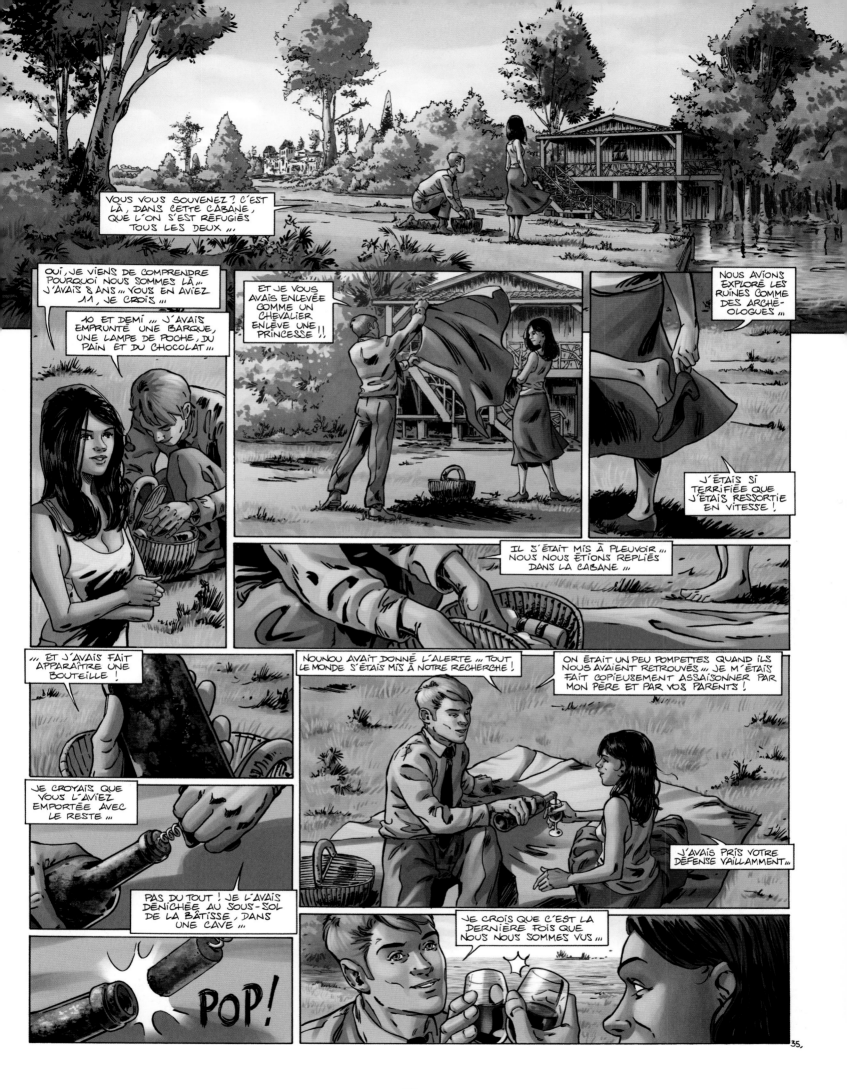

39

?!!!

PARDONNEZ-MOI...
JE...

J'ESPÈRE NE PAS AVOIR FAIT QUELQUE CHOSE QUI VOUS A DÉPLU...

PAS DU TOUT... C'EST JUSTE QUE...

CE BAISER EST PEUT-ÊTRE UN PEU PRÉMATURÉ...

VOUS AVEZ MILLE FOIS RAISON... REPRENONS LES CHOSES DANS L'ORDRE DES CONVENANCES... APRÈS L'APÉRITIF, ON PASSE À TABLE !

JE SUIS DÉSOLÉE, PATRICK...

NE LE SOYEZ PAS ! C'EST MOI QUI AI TOTALEMENT PERDU LE SENS DES RÉALITÉS...

J'ESPÈRE QUE CE MORCEAU DE GRENIER MÉDOCAIN VOUS AIDERA À OUBLIER QUEL GOUJAT JE SUIS !

MERCI...

LA DISPARITION DE VOTRE PÈRE LAISSERA UN GRAND VIDE DANS LE CŒUR DU MIEN, VOUS SAVEZ...

J'AI CRU LE COMPRENDRE, EN EFFET...

LE CHANGEMENT DE GÉRANCE AU SEIN DE VOTRE SOCIÉTÉ ENTRAÎNERA À COUP SÛR PAS MAL DE BOULEVERSEMENTS... ET JE CRAINS QUE MON PÈRE SOIT UN PEU DÉSORIENTÉ, SURTOUT APRÈS AVOIR TRAITÉ PENDANT 40 ANS AVEC RENÉ BAUDRICOURT...

VOUS ÊTES EN TRAIN DE ME DIRE QU'IL REFUSERAIT DE TRAITER AVEC MOI ?!

38.

VOUS AVEZ DEMANDÉ À ME VOIR ?

EN EFFET, MONSIEUR BOURGEAU ...

COMME VOUS LE SAVEZ DÉJÀ, JE NE SUIS PAS EXPERTE EN VIN ...

CE N'EST PAS UNE TARE ...

VOTRE PALAIS SE DÉVELOPPERA AVEC L'EXPÉRIENCE ...

JE NE DÉSESPÈRE PAS ! J'AI TOUJOURS ÉTÉ BONNE ÉLÈVE ...

MAIS SI JE N'AI AUCUN TALENT POUR L'ART DE LA VIGNE, JE POSSÈDE EN REVANCHE DE SOLIDES COMPÉTENCES EN MATIÈRE DE MANAGEMENT D'ENTREPRISE !

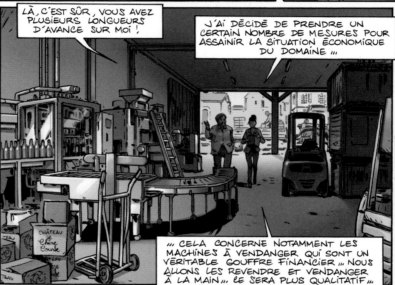

LÀ, C'EST SÛR, VOUS AVEZ PLUSIEURS LONGUEURS D'AVANCE SUR MOI !

J'AI DÉCIDÉ DE PRENDRE UN CERTAIN NOMBRE DE MESURES POUR ASSAINIR LA SITUATION ÉCONOMIQUE DU DOMAINE ...

... CELA CONCERNE NOTAMMENT LES MACHINES À VENDANGER QUI SONT UN VÉRITABLE GOUFFRE FINANCIER ... NOUS ALLONS LES REVENDRE ET VENDANGER À LA MAIN ... CE SERA PLUS QUALITATIF ...

JE COMPTE AUSSI SUPPRIMER LES POSTES "DÉSHERBANT" ET "ENGRAIS CHIMIQUES" ...

LE DOMAINE S'ORIENTERA DORÉNAVANT VERS UNE APPROCHE PLUS "BIO" DE LA CULTURE ...

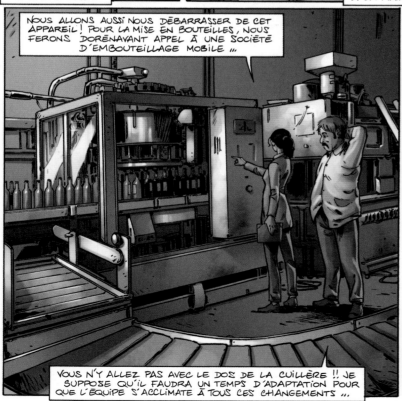

NOUS ALLONS AUSSI NOUS DÉBARRASSER DE CET APPAREIL ! POUR LA MISE EN BOUTEILLES, NOUS FERONS DORÉNAVANT APPEL À UNE SOCIÉTÉ D'EMBOUTEILLAGE MOBILE ...

VOUS N'Y ALLEZ PAS AVEC LE DOS DE LA CUILLÈRE !! JE SUPPOSE QU'IL FAUDRA UN TEMPS D'ADAPTATION POUR QUE L'ÉQUIPE S'ACCLIMATE À TOUS CES CHANGEMENTS ...

JE N'AI PAS TERMINÉ ...

J'AI ICI DES BONS DE COMMANDE ET DES FACTURES CONCERNANT DES BOUTEILLES ... DES BOUTEILLES VIDES D'UN CÔTÉ, ET DE L'AUTRE DES PLEINES ...

ÇA VOUS DIT QUELQUE CHOSE ?

ÇA DEVRAIT ?

ARRÊTEZ-MOI SI JE ME TROMPE : NOUS PRODUISONS EN MOYENNE 2000 HECTOS PAR AN... CE QUI NÉCESSITE ENVIRON 264 000 BOUTEILLES ...

C'EST EXACT... ON LES COMMANDE PAR LOTS DE 1000 ... LE CHAI RÉCEPTIONNE DONC CHAQUE ANNÉE ENVIRON 27 LOTS ...

C'EST BIEN ÇA ... IL Y A TROIS ANS, NOUS N'AVONS PRODUIT QUE 1900 HECTOS ... POURTANT LA FACTURE COMPTABILISE ÉGALEMENT 270 000 BOUTEILLES ... VOUS POUVEZ M'EXPLIQUER POURQUOI ?

C'EST TRÈS SIMPLE ... AFIN QU'ON SOIT SÛRS D'ÊTRE LIVRÉS, LES COMMANDES SONT PASSÉES BIEN AVANT LA RÉCOLTE ... LE RELIQUAT EST UTILISÉ L'ANNÉE SUIVANTE ...

C'EST AUSSI CE QUE JE ME SUIS DIT ... IL DEVRAIT DONC RESTER ENVIRON 20 000 BOUTEILLES VIDES ...

ÇA ME PARAÎT LOGIQUE ...

OÙ SONT-ELLES ?!

ELLES ONT DÛ ÊTRE REMISES EN CIRCUIT L'ANNÉE SUIVANTE ...

ENCORE UNE FOIS, C'EST ÉGALEMENT CE QUE JE ME SUIS DIT ... JE ME SUIS DONC PENCHÉE SUR LA PRODUCTION D'IL Y A DEUX ANS ... TRÈS BONNE ANNÉE ... EXCELLENT RENDEMENT À L'HECTARE ... 2200 HECTOS !

CE QUI REPRÉSENTE 26 400 BOUTEILLES SUPPLÉMENTAIRES PAR RAPPORT À LA COMMANDE HABITUELLE ...

EXCUSEZ-MOI, MAIS JE NE VOIS TOUJOURS PAS OÙ VOUS VOULEZ EN VENIR ...

J'Y VIENS.

J'AI RECHERCHÉ LA FACTURE CORRESPONDANTE ... ET JE L'AI TROUVÉE ! EFFECTIVEMENT 300 000 BOUTEILLES VIDES ONT ÉTÉ FACTURÉES CETTE ANNÉE-LÀ ... OR SI L'ON ACCEPTE VOUS ET MOI L'EXISTENCE DE CE RELIQUAT DE 20 000 BOUTEILLES, LA COMMANDE AURAIT DÛ ÊTRE DE 280 000.

COMME JE VOUS L'AI DÉJÀ DIT, NOUS IGNORONS LE RENDEMENT LORS DE LA COMMANDE.

C'EST ENCORE CE QUE JE ME SUIS DIT.

J'AI DONC POUSSÉ LE RAISONNEMENT JUSQU'AU BOUT. L'AN PASSÉ 2000 HECTOS SONT SORTIS DES CUVES. MAIS LA COMMANDE NE VARIE PAS : 270 000 BOUTEILLES.

LA COMMANDE NE VARIE JAMAIS.

VOUS ME CHERCHEZ DES POUX DANS LA TÊTE POUR QUELQUES FLACONS VIDES ?!!

41.

VOUS VOULEZ VÉRIFIER ?

C'EST UNE ACCUSATION ?!!

À VOUS D'EN JUGER, MONSIEUR BOURGEAU. VOTRE PETIT MANÈGE DURE DEPUIS 20 ANS ...

NON, MONSIEUR BOURGEAU. MAIS CETTE ANOMALIE M'A CHIFFONNÉE AU POINT QUE J'AI PRIS LA PEINE DE REFAIRE TOUS LES CALCULS ... À L'HECTOLITRE PRÈS !

ET VERS 4 HEURES, CE MATIN, EN COMPARANT LE TOTAL DES BOUTEILLES PLEINES À CELUI DES VIDES, JE ME SUIS APERÇU QU'IL MANQUAIT EN MOYENNE 7000 BOUTEILLES CHAQUE ANNÉE !

20 ANS DE BONS ET LOYAUX SERVICES RÉDUITS À QUELQUES CAISSES DÉTOURNÉES !!

132 000 BOUTEILLES. CELA REPRÉSENTE UN JOLI PAQUET. NE ME FAITES PAS L'AFFRONT DE VOUS CHIFFRER LE MANQUE À GAGNER.

LES COMPTES DE MON PÈRE SONT DANS LE ROUGE DEPUIS UNE QUINZAINE D'ANNÉES. LA FORTUNE FAMILIALE N'EXISTE PLUS DEPUIS BIEN LONGTEMPS. L'EXPLOITATION COUVRAIT À PEINE LES SALAIRES DES EMPLOYÉS, L'ENTRETIEN DES BÂTIMENTS ET LE FONCTIONNEMENT DE LA SOCIÉTÉ.

VOUS LE SAVIEZ. CELA NE VOUS A PAS EMPÊCHÉ DE TRICHER.

QU'EST-CE QUE VOUS COMPTEZ FAIRE ?

MOI ? RIEN. LA BALLE EST DANS VOTRE CAMP.

VOUS VOULEZ MA DÉMISSION ? LES VENDANGES SONT BIENTÔT TERMINÉES ... LES CUVES SONT EN PLEINE MACÉRATION ... VOTRE PÈRE N'EST PLUS LÀ ... QUI VA S'OCCUPER DE LA VINIFICATION ?!

JE CROIS QUE CE GENRE DE PROBLÈME NE VOUS CONCERNE PLUS !!

29 OCTOBRE...

OÙ EN EST-ON, MONSIEUR LABARRE ?

LA RÉCOLTE DES CABERNET-SAUVIGNON EST TERMINÉE ...

LES MERLOT SONT EN PHASE DE MACÉRATION ...

ON A DÉJÀ EFFECTUÉ TROIS REMONTAGES DES PETIT VERDOT... ET LA SEMAINE PROCHAINE, ON ÉCOULERA LES CUVES DE CABERNET FRANC ...

D'ICI APRÈS-DEMAIN, CE SERA UN PEU PLUS CALME ET ON Y VERRA PLUS CLAIR ...

D'APRÈS L'EXPRESSION DE VOTRE VISAGE, JE SUIS SÛRE QUE VOUS AVEZ D'ORES ET DÉJÀ UNE PETITE IDÉE SUR CE QUI NOUS ATTEND...

EH BIEN... POUR NE RIEN VOUS CACHER, LE MILDIOU NOUS A CAUSÉ PAS MAL DE SOUCIS EN JUIN... MALGRÉ LE TRAITEMENT, JE PENSE QUE 30 % DE LA RÉCOLTE ONT ÉTÉ PERDUS...

ET REGARDEZ ÇA ...

...LA MOITIÉ DES GRAPPES QUE L'ON RAMASSE EST EN GRANDE PARTIE BOTRYTISÉE ...

J'AI LU QUELQUE PART QUE LE BOTRYTIS ÉTAIT SYNONYME DE POURRITURE NOBLE ET QUE CERTAINS CHÂTEAUX EN RETIRAIENT DES BÉNÉFICES SUBSTANTIELS !

SI NOUS ÉTIONS EN APPELLATION SAUTERNES, ÇA NE POSERAIT AUCUN PROBLÈME !!

MALHEUREUSEMENT, NOUS NE SOMMES PAS À YQUEM, MADEMOISELLE BAUDRICOURT, ET PAR ICI, CE CHAMPIGNON EST UNE NUISANCE POUR LES FRUITS !

43.

J'EN AI UNE, JE M'INQUIÈTE POUR VOUS ... TANT DE NOUVEAUTÉS ... TANT DE RESPONSABILITÉS ... N'EST-CE PAS UN PEU "TOO MUCH" POUR UNE JEUNE FEMME SEULE ET INEXPÉRIMENTÉE ?

VOTRE INQUIÉTUDE ME TOUCHE BEAUCOUP, CLAIRE, MAIS JE M'EN SORTIRAI ...

VOUS AVEZ TOUT INTÉRÊT À VOUS EN SORTIR ...

CE QUI VEUT DIRE ?

CONTRAIREMENT À FRANÇOIS ET À CHARLES, JE N'AI AUCUNE AFFECTION POUR VOUS ... ALORS VOUS POUVEZ SÉDUIRE ET TROMPER TOUT LE MONDE, MAIS PAS MOI ! LA PROPRIÉTÉ BAT DE L'AILE ET VOUS ÊTES EN TRAIN DE L'ACHEVER ! JE REFUSE D'ASSISTER À L'AGONIE SANS AGIR !

QU'EST-CE QUE VOUS COMPTEZ FAIRE ?

RÉCUPÉRER MON CAPITAL !!

JE REPOSE MA QUESTION : QU'EST-CE QUE VOUS COMPTEZ FAIRE ?

SI VOUS NE CAPITULEZ PAS VOUS-MÊME TRÈS VITE, VOUS SAUREZ BIEN ASSEZ TÔT DE QUOI JE SUIS CAPABLE !!

EN RÈGLE GÉNÉRALE, J'APPRÉCIE LE CULOT, LE COURAGE ET LA FRANCHISE, CLAIRE, MAIS VENANT DE QUELQU'UN QUI N'A JAMAIS TRAVAILLÉ ET DONT LE SEUL SOUCI A TOUJOURS ÉTÉ DE SAVOIR COMMENT EN PROFITER, J'AVOUE QUE VOS PAROLES NE ME TOUCHENT GUÈRE ...

VOUS NE M'INTIMIDEZ PAS !!

45.

"...12 500 PAR ICI... 13 000 AU TÉLÉPHONE..."

"...13 500 PEUT-ÊTRE ?"

QUI DIT MIEUX QUE 13 000 ?

CHARLES ! OÙ VAS-TU ?

JE M'EN VAIS... J'EN AI ASSEZ...

13 000 UNE FOIS... 13 000 DEUX FOIS... 13 000 TROIS FOIS...

ADJUGÉ !!

TOC !

CHARLES ! QU'EST-CE QUI TE PREND ?! POURQUOI ES-TU VENU SI ÇA TE CONTRARIE ?

TU N'ÉTAIS PAS OBLIGÉ...

13 000 EUROS LA BOUTEILLE D'UN VIN IMBUVABLE... C'EST UNE HONTE ET UNE HÉRÉSIE !!

HEY ! SI L'ON ADDITIONNE TOUTES LES HÉRÉSIES... LA SOCIÉTÉ VA QUAND MÊME EMPOCHER PAS LOIN DE 650 000 EUROS EN UN APRÈS-MIDI ! POUR UNE PROPRIÉTÉ QUI EST CENSÉE NE PLUS VALOIR GRAND-CHOSE, C'EST INESPÉRÉ, NON ?

ET AU PASSAGE, LE DOMAINE SE VOIT DÉPOUILLÉ D'UN TRÉSOR FAMILIAL !!

LA FAMILLE EST IMPORTANTE SEULEMENT QUAND ÇA T'ARRANGE, HEIN ?

FRANÇOIS EST MOINS REGARDANT QUE TOI À CET ÉGARD ! C'EST LUI QUI ÉTAIT AU TÉLÉPHONE POUR FAIRE GRIMPER ARTIFICIELLEMENT LES ENCHÈRES !

LE LOT EST ATTRIBUÉ À MADAME...

ET JE TE RAPPELLE QU'IL N'Y A PAS SI LONGTEMPS, C'EST TOI QUI VOULAIS TE DÉBARRASSER DU CHÂTEAU ET DE TOUT CE QU'IL CONTIENT !

ELLE RAPPELLERA...

ET SI ELLE NE LE FAIT PAS ? SI ELLE REFUSE TON OFFRE ? COMMENT FERA-T-ON POUR ACCÉDER À L'ORDINATEUR ?

SI TU N'ÉTAIS PAS AUSSI LÂCHE, CE SERAIT DÉJÀ FAIT !!

... ET SI TU N'ÉTAIS PAS AUSSI STUPIDE, NOUS N'AURIONS PAS BESOIN D'Y RETOURNER ! MAIS JE NE SUIS PAS INQUIET... ON TROUVERA UN MOYEN... IL Y A TOUJOURS UN MOYEN...

BiiiiiP BiiiiiP!!

TIENS! JE PARIE QUE C'EST ELLE!

ALLÔ ?

MONSIEUR DORGEMONT ?

LUI-MÊME...

CLAIRE BAUDRICOURT À L'APPAREIL... J'ESPÈRE NE PAS VOUS IMPORTUNER...

TOUT DÉPEND DE L'OBJET DE L'APPEL...

J'AI UNE PROPOSITION À VOUS FAIRE... POUVONS-NOUS NOUS RENCONTRER POUR EN PARLER?

AVEC PLAISIR... UN INSTANT... J'ATTRAPE MON AGENDA...

QUE DIRIEZ-VOUS DE DEMAIN À LA PREMIÈRE HEURE?

QUE DIRIEZ-VOUS DE DÉJEUNER AVEC MOI MAINTENANT?

MAINTENANT ? OK... LAISSEZ-MOI UNE PETITE DEMI-HEURE POUR ARRIVER À SAINT-ÉMILION ET JE SUIS VOTRE HOMME !!

NE VOUS DONNEZ PAS CETTE PEINE... JE SUIS GARÉE DEVANT VOS BUREAUX...

JE VOUS REJOINS...

50.

52

CHÂTEAU NÉNIN ...
MILLÉSIME 1975 ...

UNE ANNÉE EXCEPTIONNELLE POUR LES POMEROL ...

TOUT SIMPLEMENT DIVIN ...

QUE PUIS-JE POUR VOUS, MA CHÈRE ?

TOUT D'ABORD SACHEZ QUE MA VISITE, MALGRÉ SON CARACTÈRE IMPROVISÉ ET DÉCONCERTANT, EST TOUT CE QU'IL Y A DE PLUS PROFESSIONNEL ...

JE N'EN DOUTE PAS UNE SECONDE ...

JE SUIS ICI EN MA QUALITÉ DE CO-GÉRANTE DE LA SOCIÉTÉ DES DEUX TOURS, ET SI J'AI CHOISI DE M'ADRESSER À VOUS PERSONNELLEMENT, C'EST QUE JE NE SUIS PAS CERTAINE QUE VOTRE PÈRE COMPRENNE LE SENS DE MA DÉMARCHE ...

VOUS M'INTRIGUEZ ...

QUE DIRIEZ-VOUS DE DEVENIR LE COURTIER EXCLUSIF DES DEUX TOURS, MONSIEUR DORGEMONT ?

C'EST UNE BLAGUE ?!

OÙ EST LA CAMÉRA ?!?

IL N'Y EN A PAS ET MON OFFRE EST TOUT À FAIT SÉRIEUSE ... NOTRE PRODUCTION N'EST PAS ÉNORME, 50.000 BOUTEILLES PAR AN, MAIS À L'UNITÉ UN "DEUX TOURS" SE VEND 370 EUROS HORS TAXES CHEZ UN CAVISTE ... À PEINE MOINS À L'EXPORT ... VOTRE MARGE EST DE 2% ... FAITES LE CALCUL ...

C'EST DÉJÀ FAIT.

51.

EN PRIME, JE VOUS FOURNIS AUTANT DE LOTS QUE VOUS DÉSIREZ EN 2000 ET EN 2005 ... DANS LA LIMITE DES STOCKS DISPONIBLES, BIEN SÛR ...

OÙ EST LE PIÈGE, MADAME BAUDRICOURT ?

IL N'Y EN A PAS ... JUSTE UNE CONTREPARTIE ...

JE VOUS ÉCOUTE ...

À DATER DE LA SIGNATURE DU CONTRAT, LE DOMAINE DU CHÊNE COURBE NE FAIT PLUS PARTIE DE VOTRE CARNET D'ADRESSES ET VOUS VOUS ARRANGEZ POUR QUE VOS CONFRÈRES EN FASSE AUTANT ...

LE CHÊNE COURBE NE ME RAPPORTE RIEN. ATTEINDRE LE PREMIER OBJECTIF SERA UN JEU D'ENFANT ...

...MAIS JE NE SUIS PAS VRAIMENT SÛR DE POUVOIR VOUS GARANTIR LE SECOND ...

ALLONS. PAS DE FAUSSE MODESTIE. LE RENOM DES DORGEMONT EST ÉTABLI DEPUIS PLUSIEURS GÉNÉRATIONS. VOTRE PAROLE VAUT DE L'OR SUR LA PLACE DE BORDEAUX !

CELLE DE MON PÈRE ! LA MIENNE, JE NE SAIS PAS ...

C'EST DONC LE MOMENT RÊVÉ POUR IMPOSER VOS IDÉES ET VOTRE PERSONNALITÉ !!

UN CHANGEMENT DE GÉRANCE SE PRÊTE TOUJOURS PARFAITEMENT À LA CRITIQUE ! FAITES COURIR DES BRUITS ... INVENTEZ DES PROBLÈMES ... OU PROVOQUEZ-EN ! JE VOUS FAIS CONFIANCE POUR TROUVER UNE SOLUTION ...

BIEN ENTENDU, NOTRE CONTRAT NE PRÉCISE PAS QUE J'AIE CONNAISSANCE DES RAISONS QUI VOUS POUSSENT À FAIRE ÇA ...

BIEN ENTENDU !

NOUS AVONS UN DEAL ?

55

FIN DE L'ÉPISODE.

CORBEYRAN - ESPÉ.

Certaines séries de bande dessinée ne peuvent être mises en œuvre sans la mobilisation, la complicité, le soutien, l'écoute et l'amitié d'un grand nombre de personnes. C'est le cas pour «Châteaux Bordeaux».

Merci tout d'abord à Jacques Glénat d'avoir été l'initiateur de ce projet qui m'a permis de redécouvrir ma région, ma ville et mon quartier sous un angle entièrement neuf.
Merci aux propriétaires Florence et Daniel Cathiard, Karin et Frédéric Riffaud, Dany et Michel Rolland, Allan Sichel et Céline Villars-Foubet de m'avoir ouvert en grand les portes de leur domaine et encouragé dans ma démarche.
Merci aux maîtres de chais Thierry Haberer, Yann Laudeho, Benoit Prévôt et Fabien Teitgen de m'avoir fait partager leur expérience, leur savoir et leur passion.
Merci à Gérard Baud, Achille Braquelaire, Isabelle Camus, Pierre Christin, Christophe Coquillas, Frédéric Coquillas, Jean Duplantier, Espé, Chantal Eymard, Florence Fouquier, Bénédicte Gourdon, Cyril Jouison, Julien Lamarche, Dominique Soucille, et François Vandebossche de m'avoir offert du temps, des images, des livres, de belles rencontres, de précieux conseils, et d'avoir partagé avec moi quelques verres de bon vin !

CORBEYRAN